FernUniversität in Hagen

Fakultät für Wirtschaftswissenschaft

Seminararbeit

Interdependenzen zwischen der Preis- und Kommunikationspolitik – Formen, Problembereiche und korrespondierende Lösungsansätze am Beispiel der Lebensmittelbranche

Seminar:	Interdependenzen im Marketing
Prüfer:	Herr Univ.-Prof. Dr. Rainer Olbrich/Herr Dr. Benedikt Lindenbeck
Name, Vorname:	Birkenkamp, Jennifer
Abgabedatum:	22.06.2020

Juni 2021

© 2021 Birkenkamp, Jennifer
Herstellung und Verlag: BoD – Books on Demand, Norderstedt

ISBN: 9783754315071

Inhaltsverzeichnis

1. Zur Wirkungsweise des Einsatzes der Interdependenzen zwischen der Preis- und Kommunikationspolitik in der Lebensmittelbranche

Die deutsche Lebensmittelbranche zeichnet sich durch eine hohe Konzentration im Bereich des Lebensmitteleinzelhandels aus.[1] Die Hälfte des Gesamtmarktes mit einem Umsatz von circa 81 Milliarden Euro machen die fünf größten, durch einen Wettbewerb geprägten Lebensmittelunternehmen Edeka, Rewe, Lidl, Aldi Süd sowie Kaufland aus.[2]

Wie die Nielsen-Shopper-Studie zeigt, ist dieser Wettbewerb unter anderem von der Preissensibilität des deutschen Lebensmittelkonsumenten geprägt. Diese Studie bekräftigt, dass 59 Prozent der Konsumenten gerne Angebote nutzen, 55 Prozent nehmen Preisvergleiche zwischen Eigenmarken und führenden Marken vor und 48 Prozent orientieren sich an Handzetteln. Zudem zeigt sie auf, dass nur 37 Prozent der Kunden nach Sonderangeboten in den Geschäften suchen.[3]

Dies stellt die Unternehmen der Lebensmittelbranche, insbesondere den Lebensmitteleinzelhandel, vor Herausforderungen. Eine Reaktion der Lebensmittelhändler auf diesen Trend sind Sonderangebote, die durch kommunikationspolitische Maßnahmen vorwiegend in Form von Print-Werbung an den Verbraucher weitergegeben werden.[4]

Hier setzt die vorliegende Arbeit an. Sie geht der Forschungsfrage nach, wie die Interdependenzen zwischen der dem Marketing-Mix zugehörigen Strategien der Preis- und Kommunikationspolitik auf die Lebensmittelbranche sowie insbesondere dem Lebensmitteleinzelhandel, übertragen werden können.

---

[1] Vgl. Weiss, C. R./Wittkopp, A. 2005, pp. 219f.
[2] Vgl. URL 1.
[3] Vgl. URL 2.
[4] Vgl. URL 3.

Aufgrund der vorliegenden Thematik stellen sich weiterhin die Fragen, wie die Kundenwahrnehmungen bezüglich der Preisgestaltung in der Lebensmittelbranche mit kommunikativen Maßnahmen beeinflusst werden können, um das Ziel der Kundenbindung und -gewinnung zu erreichen. Welche Problematiken können innerhalb der Interdependenzen dieser Marketing-Strategien auftreten und welche Möglichkeiten bestehen, um sie zu lösen?

Ziel dieser Arbeit ist es daher, im Hinblick auf die Lebensmittelbranche, diese Interdependenzen der Preis- und Kommunikationspolitik darzustellen und die damit einhergehenden Problematiken zu diskutieren. Zudem sollen für die Problemstellungen korrespondierende Lösungsansätze aufgezeigt werden.

Zur Erreichung dieses Ziels werden nach dem einleitenden Kapitel, im zweiten Kapitel die theoretischen Grundlagen mit Bezug zur Lebensmittelbranche beschrieben, indem zunächst eine Abgrenzung dieser Branche erfolgt. Im Weiteren werden die Strategien der Preis- und Kommunikationspolitik und deren Interdependenzen erläutert. Das dritte Kapitel umfasst einen detaillierten Analyseteil, in dem die Formen der Interdependenzen zwischen der Preis- und Kommunikationspolitik sowie die der jeweiligen Form zugeordneten Problembereiche und korrespondierenden Lösungsansätze mit Bezug zur Lebensmittelbranche aufgezeigt werden. Das fünfte Kapitel fasst abschließend die erarbeiteten Kriterien zusammen und gibt einen Ausblick auf die weiteren Entwicklungen der Preiskommunikation in der Lebensmittelbranche.

2. Grundlagen zur Preis- und Kommunikationspolitik und deren Interdependenzen in der Lebensmittelbranche

Um ein Grundlagenwissen zu erhalten, wird in diesem Kapitel zunächst auf die Lebensmittelbranche näher eingegangen. Weiterhin werden die Grundlagen der Preis- und Kommunikationspolitik sowie deren Interdependenzen erläutert.

2.1. Abgrenzung der deutschen Lebensmittelbranche

Laut dem deutschen Lebensmittelverband sind der Lebensmittelbranche die Landwirtschaft, das Lebensmittelhandwerk, die Lebensmittelindustrie, der Lebensmittelgroßhandel und -einzelhandel sowie Handwerksbetriebe und das Gastgewerbe zugehörig und umfasst 5,7 Millionen Arbeitnehmer, die in 700.000 Betrieben tätig sind.[5]

Gemäß der Bundesvereinigung der Deutschen Lebensmittelindustrie zählt die Ernährungsindustrie zu dem viertgrößten Industriezweig Deutschlands und erzielte im Jahre 2019 einen Umsatz in Höhe von 183,6 Milliarden Euro.[6]

Der Lebensmitteleinzelhandel wird zudem in die Betriebsformen Selbstbedienungswarenhäuser, Lebensmitteleinzelhandelsgeschäfte, Discounter sowie Supermärkte unterteilt.[7] Die nachfolgend in Anlehnung an A.C. Nielsen definierten Formen des Lebensmitteleinzelhandels werden vorwiegend anhand der Verkaufsfläche unterschieden.

Bei den Selbstbedienungswarenhäusern handelt es sich um ein Einzelhandelsgeschäft mit einer Verkaufsfläche von 5.000 Quadratmetern, die vorwiegend Waren aus dem Food- und Non-Food-Bereich auf Basis der Selbstbedienung anbieten.

Die Lebensmitteleinzelhandelsgeschäfte, auch Verbrauchermärkte genannt, werden zusätzlich in kleine und große Verbrauchermärkte unterschieden.

---

[5] Vgl. URL 4.
[6] Vgl. URL 5.
[7] Vgl. URL 6.

4

Die kleinen Verbrauchermärkte weisen eine Verkaufsfläche von 800 bis
1.499 Quadratmetern auf, wohingegen die großen Verbrauchermärkte mit
einer Verkaufsfläche von 1500 bis 4999 Quadratmetern gekennzeichnet
sind. Beide Formen bieten in Selbstbedienung Waren aus dem
Lebensmittel- und Nicht-Lebensmittelbereich an.

Der Discounter im Lebensmittelbereich spricht die Konsumenten mit seiner
Niedrigpreispolitik an und weist eine Verkaufsfläche von bis zu 1000
Quadratmetern auf.

Die Supermärkte sind durch eine Verkaufsfläche von weniger als 800
Quadratmetern gekennzeichnet und bieten vorwiegend
Selbstbedienungswaren aus dem Lebensmittelbereich an.[8]

Diese Einzelhandelsformate reagieren mit einer Niedrigpreispolitik und den
damit einhergehenden kommunikationspolitischen Maßnahmen auf die
Tatsache, dass der deutsche Lebensmittelkonsument eine Preissensibilität
bezüglich der Güter des täglichen Bedarfs aufzeigt. Dies wird dadurch
begründet, dass der Verbraucher die Abnahme dieser Güter von seinem zur
Verfügung stehenden Einkommen abhängig macht.[9]

Diese aufgezeigten Interdependenzen zwischen der Preis- und
Kommunikationspolitik sind vorwiegend im Lebensmitteleinzelhandel
relevant. Daher wird sich nachfolgend ausschließlich auf den
Lebensmitteleinzelhandel bezogen.

2.2. Definition von Preis- und Kommunikationspolitik und deren Interdependenzen

Die Preis- und die Kommunikationspolitik stellen zwei der vier
Komponenten des Marketing-Mix dar, bei dem vier verschiedene
Marketing-Strategien zusammenwirken, um Güter und Dienstleistungen zu
vermarkten.[10]

---

[8] Vgl. URL 7.
[9] Vgl. Otto 2006, S. 446f.
[10]Vgl. Singh 2012, pp. 40f..

Unter der Preispolitik sollen alle Handlungen verstanden werden, die unter Berücksichtigung der aktuellen Marktverhältnisse die Zielvorstellungen des Unternehmens umsetzen und bei der Auswahl, dem Management und der Durchsetzung von Entscheidungen bezüglich der Preisgestaltung unterstützend tätig sind.[11]

Laut Hoch et al. wird die Preispolitik im Lebensmitteleinzelhandel mithilfe der every-day-low-price- und high-and-low-pricing-Strategie umgesetzt. Die every-day-low-price-Strategie ist durch die Dauerniedrigpreisstrategie eines Sortiments oder einzelner Produkte gekennzeichnet. Bei der high-and-low-pricing-Strategie werden Einzelprodukte für einen bestimmten Zeitabschnitt zu einem günstigeren Preis angeboten. Diese Vorgehensweise wird als Sonderangebotspolitik bezeichnet.[12]

Unter der Kommunikationspolitik hingegen, wird das Ausgestalten, das Planen und Abstimmen sowie Kontrollieren der durch das Unternehmen eingesetzten Kommunikationsmaßnahmen verstanden. Durch diese Handlungen sollen die gesetzten Unternehmensziele erreicht werden.[13] Zur Erreichung dieser Ziele ist es im Rahmen der Kommunikationspolitik zudem notwendig, dass eine Unterteilung in die Kategorien Verkaufsförderung, Werbung und Öffentlichkeitsarbeit erfolgt.[14]

Laut Todorova wird unter der Verkaufsförderung die Änderung des Preises eines oder mehrerer Produkte für einen kurzen Zeitraum verstanden, um den Verbraucher zum Kauf anzuregen. Das Unternehmen verfolgt mit dieser Maßnahme das Ziel der kurzfristigen Absatzsteigerung.[15]

Baum hebt hervor, dass im Rahmen der Verkaufsförderung, zwischen der Push- und der Pull-Strategie unterschieden wird. Während bei der Push-Strategie die Maßnahmen auf den Händler gerichtet sind, werden bei der Pull-Strategie direkt die Konsumenten in Form von Flyern, Verkostungen

---

[11] Vgl. Diller 2008, S. 34f.
[12] Vgl. Hoch, S. J./Drèze, X./Purk, M. E. 1994, pp. 16ff.
[13] Vgl. Meffert, H./Burmann, C./ Kirchgeorg, M. 2014, S. 569.
[14] Vgl. Gerschau, M. 2000, S. 234.
[15] Vgl. Todorova, G. 2015, pp. 371.

von Lebensmitteln am Point of Sale, Displays, Gutscheinen oder Produktproben angesprochen.[16]

Die Kategorie Werbung beinhaltet den Versuch, das Verhalten der Konsumenten anhand von Kommunikationsmitteln zu beeinflussen – mit dem Ziel, den Verbraucher zum Kauf zu bewegen.[17] Bezugnehmend auf den Lebensmitteleinzelhandel kommen vorwiegend Mediawerbung und Printmedien zum Einsatz.[18]

Dagegen umfasst die Öffentlichkeitsarbeit alle Aktivitäten, die dazu beitragen, das Image des Unternehmens zu verbessern. Dies wird in Form von finanziellen Hilfsaktionen wie Spenden, Sponsoring oder positiven Unternehmensnachrichten, die mediengestützt an die Öffentlichkeit gebracht werden, umgesetzt. Durch diese Aktionen soll der Unternehmensname oder auch das entsprechende Produkt im Gedächtnis der Verbraucher gefestigt werden.[19]

Zwischen der hier definierten Preis- und der Kommunikationspolitik bestehen zudem Interdependenzen, die dazu beitragen, dass Synergieeffekte erzielt werden. Diese tragen zu einer günstigeren Ausrichtung des Marketing-Mix bei und werden in funktionale und zeitliche Wirkungsbeziehungen unterteilt.[20]

Bezugnehmend auf das Ausgangsthema dieser Arbeit wird im weiteren Verlauf näher auf diese Interdependenzen eingegangen, um deren Wichtigkeit am Beispiel des Lebensmitteleinzelhandels herauszustellen.

---

[16] Vgl. Baum, F. 2002, S. 329.
[17] Vgl. Kroeber-Riel, W./Esch, F. R. 2015, S. 38f.
[18] Vgl. Bruhn, M. 2014, S. 59f.
[19] Vgl. Todorova, 2015, pp. 372; Bruhn, M. 2014, S. 59f.
[20] Vgl. Bruhn, M. 2014, S. 52f.

3. Formen, Problembereiche und korrespondierende Lösungsansätze mit Blick auf die Interdependenzen zwischen der Preis- und Kommunikationspolitik im Lebensmitteleinzelhandel

In diesem Kapitel erfolgt eine Darstellung der zwei Formen der Interdependenzen zwischen der Preis- und Kommunikationspolitik am Beispiel des Lebensmitteleinzelhandels. Zudem werden korrespondierende Problembereiche diskutiert und korrespondierende Lösungsansätze aufgezeigt.

3.1. Problembereiche und Lösungsansätze der funktionalen Wirkungsbeziehungen im Lebensmitteleinzelhandel

Wie im vorherigen Abschnitt 2.2. bereits erwähnt, existieren zwischen der Preis- und Kommunikationspolitik Interdependenzen, die in funktionale und zeitliche Wirkungsbeziehungen untergliedert werden können. In diesem Unterkapitel wird zunächst auf die funktionale Wirkungsbeziehung sowie deren Problembereiche eingegangen, um diese dann auf den Lebensmitteleinzelhandel zu übertragen. Anschließend werden korrespondierende Lösungsansätze aufgezeigt, die diese Problembereiche entkräften sollen.

3.1.1. Funktionale Wirkungsbeziehung zur Vermittlung von preispolitischen Informationen an die Lebensmittelkunden

Gemäß Bruhn bestehen zwischen der Preis- und Kommunikationspolitik funktionale Wirkungsbeziehungen, die sich in den Formen der konditionalen, komplementären, konkurrierenden, substituierenden und indifferenten Beziehungen ausdrücken. Bezugnehmend auf den Lebensmitteleinzelhandel sind vorwiegend die Formen der komplementären und konditionalen Beziehungen vorzufinden.[21] Aus diesem Grund konzentriert sich der folgende Abschnitt insbesondere auf diese beiden Wirkungsbeziehungen.

Bei der komplementären Beziehung geht es um die Positionierung des Preises eines oder mehrerer Produkte, um das Preisimage des Unternehmens mitzuteilen und um die Preissensibilität des Lebensmittelverbrauchers zu erhöhen.[22] Verfolgt beispielsweise das Unternehmen eine Niedrigpreisstrategie, wird die Preisgünstigkeit der Produkte an den Konsumenten kommuniziert, damit die Verbraucher auch andere Produkte oder Leistungen des Unternehmens als preisgünstig empfinden.[23] Wendet das Unternehmen eine Hochpreisstrategie an, wird entweder der Preis im Rahmen der Kommunikation nicht genannt oder die Höhe des Preises wird dem Verbraucher bewusst mitgeteilt, um die Produktqualität hervorzuheben.[24] Beispielsweise stellt der Lebensmitteleinzelhändler Rewe in seiner TV-Werbung die Qualität und Frische in den Vordergrund statt den Preis.[25]

Bei der konditionalen Wirkungsbeziehung zwischen der Preis- und der Kommunikationspolitik, ist der Erfolg der vom Unternehmen gesetzten Preisstrategien davon abhängig, wie umfassend die Höhe der Preise eines oder mehrerer Produkte durch kommunikationspolitische Maßnahmen an den Konsumenten weitergegeben wird.[26]

Bei dieser funktionalen Form zwischen der Preis- und der Kommunikationspolitik sind jedoch auch Probleme zu beachten, die durch den gemeinsamen, sich ergänzenden Einsatz auftreten können. Auf diese Problematiken soll daher im folgenden Abschnitt näher eingegangen werden.

---

[21] Vgl. Bruhn, M. 2014, S. 52f.
[22] Vgl. Hamilton, R./Chernev, A. 2013, pp. 6.
[23] Vgl. Pepels, W. 2006, S. 41f.
[24] Vgl. Dolgui A./Proth, J. M. 2010, pp. 2.
[25] Vgl. Gröppel-Klein, A./Germelmann, C. C., 2009, S. 457.
[26] Vgl. Bruhn, M. 2014, S. 52f.

3.1.2. Negatives Preisimage und korrespondierendes Preisurteil des Kunden als Hindernis zum Lebensmittelkauf

Wie im vorherigen Abschnitt aufgezeigt, wird bei der Positionierung des Preises das Ziel verfolgt, dem Konsumenten das Preisimage des Unternehmens mitzuteilen.

Dies geht mit der Problematik einher, dass durch diese Preispositionierung, die Preise des Unternehmens von dem Verbraucher falsch wahrgenommen werden.[27] In der Literatur wird dieses Preisurteil der Konsumenten in die Formen Preiswürdigkeitsurteil sowie Preisgünstigkeitsurteil unterschieden. Bei dem Preiswürdigkeitsurteil setzt der Konsument den Preis mit einer anderen Variablen, beispielsweise der Qualität oder der Leistung, in Beziehung. Das Preisgünstigkeitsurteil beschreibt die Beurteilung des Preises selbst.[28]

Laut Ofir et al. kann die Preisbeurteilung der Güter des täglichen Bedarfs durch den Verbraucher zu einer Beeinflussung des Preisimages des Lebensmittelunternehmens führen.[29] Dementsprechend erfolgt der Kauf der Waren oder Lebensmittel durch den preisunwissenden Konsumenten bei dem Unternehmen, das im Vergleich zum Wettbewerb häufiger in wöchentlichen Angeboten günstigere Preise angeboten hat.[30]

Siems macht in diesem Zusammenhang deutlich, dass bei einem Unternehmen mit negativem Preisimage die Problematik besteht, dass die anderen angebotenen Produkte ebenfalls als zu teuer angesehen werden. Daher bezieht der Konsument seine Lebensmittelwaren von einem anderen Anbieter, der insgesamt als günstiger empfunden wird. Dadurch werden weniger Kunden an das Unternehmen gebunden und eine Neukundengewinnung wird erschwert.[31]

Zu diesen dargestellten Problematiken wurde von Dunnhumby im Jahre 2018 eine Studie durchgeführt, bei der 3000 deutsche Verbraucher zu ihrer

---

[27] Vgl. Siems, F. 2009, S. 229.
[28] Vgl. Diller, H. 2008, S. 138ff.; Pechtl, H. 2014, S. 36ff.
[29] Vgl. Ofir, C. et al 2008, pp. 8.
[30] Vgl. Hadar, L./Danziger, S./Morwitz, V. 2014, pp. 54.
[31] Vgl. Siems, F. 2009, S. 229.

Preiswahrnehmung im Hinblick auf die Einzelhändler befragt wurden. Hieraus resultierte, dass Aldi Süd die beste Bewertung bezüglich der Preisgünstigkeit erhielt und somit aus Sicht der Konsumenten ein positives Preisimage hat.[32]

3.1.3. Kommunikation der Preisgünstigkeit und Preiswürdigkeit in der Print-Werbung als Lösungsansatz

In der Literatur werden einige Lösungsansätze zur Bewältigung der in Abschnitt 3.1.2. dargestellten Problematiken der funktionalen Wirkungsbeziehung zwischen der Preis- und der Kommunikationspolitik aufgezeigt. Zur Beeinflussung des Preisurteils der Konsumenten kann etwa bei einer Niedrigpreisstrategie des Unternehmens, die Preisgünstigkeit der Lebensmittelprodukte hervorgehoben werden.[33] Beispielsweise bewirbt der Lebensmitteleinzelhändler REWE seine Eigenmarke ja! auf seiner Internetseite mit dem Werbeslogan "ja! Clever sparen".[34] Aldi Nord hingegen weist den Konsumenten in seiner aktuellen Print-Werbung mit dem Slogan "Rein ins Sparvergnügen mit dem Original Aldi Preis" auf seine günstigen Preise hin.[35]

Verfolgt der Händler eine Hochpreisstrategie, sollte die Preiswürdigkeit mithilfe von kommunikationspolitischen Maßnahmen in den Vordergrund gestellt werden. Dabei wird neben dem Preis auch die Qualität der Produkte hervorgehoben.[36] Als Beispiel ist hier der auf der Internetseite von Rewe Beste Wahl zu findenden Werbespruch "REWE beste Wahl bietet Top-Qualität zu besten Preisen" zu nennen.[37]

Insgesamt ist erkennbar, dass die Unternehmen die Preisbeurteilung der Kunden durch den der Unternehmensstrategie angepassten gemeinsamen

---

[32] Vgl. URL 8.
[33] Vgl. Anitsal, I./Girard, T./Anitsal, M. M. 2012, pp. 83f.
[34] Vgl. URL 9.
[35] Vgl. URL 10.
[36] Vgl. Siems, F./Hofmann, J. 2006, S. 57.
[37] Vgl. URL 11.

Einsatz von Preis- und kommunikationspolitischen Maßnahmen beeinflussen können.

3.2. Problembereiche und Lösungsansätze der zeitlichen Wirkungsbeziehungen im Lebensmittelhandel

Zu der in Abschnitt 3.1. dargestellten funktionalen Form der Interdependenzen zwischen der Preis- und der Kommunikationspolitik existieren auch zeitliche Wirkungsbeziehungen. Dieses Kapitel geht daher insbesondere auf diese zeitliche Beziehungsform ein und stellt zudem die Problembereiche dar, die durch die Interdependenzen dieser Marketing-Strategien entstehen können. Zudem werden auch hier Lösungsansätze aufgezeigt, die die auftretenden Probleme entkräften sollen.

3.2.1. Zeitliche Wirkungsbeziehungen zur Kommunikation von Preisänderungen

Im Hinblick auf die Interdependenzen zwischen der Preis- und der Kommunikationspolitik, können diese auch in der Form der zeitlichen Wirkungsbeziehung auftreten, deren Handlungen gezielt geplant werden. Diese zeitliche Beziehungsform wird in die parallelen, sukzessiven, intermittierenden sowie ablösenden Beziehungstypen untergliedert.[38]

Beim gemeinsamen Einsatz von preis- und kommunikationspolitischen Maßnahmen treten jedoch vorwiegend die Parallel-, intermittierenden und sukzessiven Beziehungstypen auf.[39]

Gemäß Bruhn sind Parallelbeziehungen erkennbar, wenn sich ständig verändernde Preisstrategien gleichzeitig mit kommunikativen Maßnahmen eingesetzt werden. Die intermittierenden Beziehungstypen sind dadurch gekennzeichnet, dass Preise in die bereits vorhandene Unternehmenskommunikation eingebracht werden. Bei den sukzessiven

---

[38] Vgl. Becker, J. 2019, S. 649f.
[39] Vgl. Bruhn, M. 2014, S. 53.

Beziehungstypen erfolgt der Einsatz der Preis- und der Kommunikationsmaßnahmen schrittweise, indem zunächst eine Änderung des Preises vorgenommen wird, die anschließend erst durch entsprechende Werbemaßnahmen an den Konsumenten kommuniziert wird.[40]

Laut Rao und Syam ist im Lebensmitteleinzelhandel der Zeitpunkt der eingesetzten Kommunikationsmaßnahmen bei einer Preisänderung von Bedeutung. So werden Preisreduktionen vorwiegend an den Konsumenten kommuniziert, bevor dieser in die Situation der Kaufentscheidung gelangt.[41]

Aber auch bei dieser zeitlichen Form der Interdependenzen zwischen der Preis- und der Kommunikationspolitik können Schwierigkeiten auftreten, auf die im folgenden Abschnitt näher eingegangen wird.

3.2.2. Fehlendes Preisinteresse der Kunden als Hindernis bei der Kundengewinnung

Bei der zeitlichen Form der Interdependenzen zwischen der Preis- und der Kommunikationspolitik kann die Problematik bestehen, dass sich die Konsumenten nur unzureichend für die Preise der Produkte interessieren. Dadurch wird die Kundengewinnung erschwert.[42]

Gemäß Rao und Syam bedeutet dies gerade im Hinblick auf den Lebensmitteleinzelhandel, dass der Kunde die Produktpreise nur in geringem Maße wahrnimmt und sich somit gegebenenfalls überhaupt nicht für die Einkaufsstätte entscheidet. Daher ist es unerlässlich, dass die Preis- und die Kommunikationspolitik mit geeigneten Maßnahmen zeitlich aufeinander abgestimmt werden, um das Preisinteresse der Konsumenten zu wecken. Hat sich der Kunde dann für eine Einkaufsstätte entschieden, erweist es sich zudem als problematisch, dass die Konsumenten ihre Wahl der Produkte und der Menge erst am Point of Sale treffen. Dies betrifft die zeitliche Wirkungsbeziehung der Preis- und der Kommunikationspolitik in

---

[40] Vgl. Bruhn, M. 2014, S. 53f.
[41] Vgl. Rao, R. C./Siam, N. 2001, S. 62.
[42] Vgl. Meffert et al. 2012, S. 479.

der Hinsicht, dass diese während des Zeitpunktes der Kaufentscheidung des Kunden umgesetzt und aufeinander abgestimmt werden müssen.[43]

In der Literatur wird zudem vielfach darauf hingewiesen, dass, einhergehend mit dem fehlenden Preisinteresse der Konsumenten, die Preisstimuli meist nur unvollständig wahrgenommen werden und dadurch die Kundenbindung und -gewinnung für das Unternehmen erschwert wird.[44]

Im Hinblick auf das hier dargestellte Problem des fehlenden Preisinteresses, sollen im nächsten Abschnitt dieser Arbeit Lösungsansätze mithilfe der zeitlichen Wirkungsbeziehung zwischen der Preis- und der Kommunikationspolitik dargestellt werden.

3.2.3. Beeinflussung des Preisinteresses durch frühzeitige Kommunikation von Preisstimuli in Form der Print-Werbung als Lösungsansatz

Das in Abschnitt 3.2.2. dargestellte Problem des fehlenden Preisinteresses der Konsumenten im Hinblick auf den Lebensmitteleinzelhandel, soll durch einen abgestimmten zeitlichen Einsatz der Preis- und Kommunikationspolitik entkräftet werden.

Gemäß Rao und Syam kann das fehlende Preisinteresse sowie die damit verbundene Schwierigkeit der Kundengewinnung durch eine frühzeitige Kommunikation von Preisänderungen mithilfe von Preisstimuli beeinflusst werden. Dies erfolgt im Rahmen des Lebensmitteleinzelhandels in der Form der Print-Werbung.[45]

Zudem wird die frühzeitige Preiskommunikation im Lebensmitteleinzelhandel meist mit der Strategie der gebrochenen und runden Preise verbunden, um das Preisinteresse der Konsumenten und die damit einhergehende Aufnahme der Preisreduktionen zu untermauern.[46]

---

[43] Vgl. Rao, R. C./Syam, N. 2001, pp. 68f.
[44] Vgl. Rao, R. C./Syam, N. 2001, pp. 66f; Pechtl, H. 2014, S. 88.
[45] Vgl. Rao, R. C./Syam, N. 2001, pp. 74.
[46] Vgl. Pechtl, H. 2014, S. 88; Schindler, R. M./Kirby, P. N. 1997, S. 198f.

So stellten Schindler und Kirby in einer Studie fest, dass die Anwendung von gebrochenen und runden Preisen mit den Endungen 0, 5 oder 9 zu einem gesteigerten Absatz bei den jeweiligen Unternehmen führte, denn diese Preise wurden durch die Konsumenten als günstiger bewertet.[47]

Diese zeitlichen Wirkungsbeziehungen zwischen der Preis- und der Kommunikationspolitik sind beispielsweise in der Print-Werbung in Form von Handzetteln der Unternehmen Netto und Aldi erkennbar. Diese Handzettel werden einmal wöchentlich an die Konsumenten per Post oder als Zeitungsbeilage verteilt und beinhalten die reduzierten Artikel der folgenden Woche mit dem Ziel, die Konsumenten über die Preisinformationen noch vor dem Wirksamwerden der Reduktionen zu informieren.[48]

Laut einer Studie von Simon Kucher und Partner von 2019 wurde festgestellt, dass die Handzettel des Lebensmitteleinzelhandels eine hohe Bedeutung für die Konsumenten haben. Demnach lesen 61 Prozent der Konsumenten diese Handzettel und 33 Prozent gelegentlich.[49]

Zudem wird in der aktuellen Handzettelwerbung der Lebensmitteleinzelhandelsunternehmen Aldi Nord und Netto die Verwendung von runden und gebrochenen Preisen deutlich.[50] Dadurch sollen die Konsumenten die Preise günstiger bewerten und Kunden gewonnen werden.[51]

---

[47] Vgl. Schindler, R. M./Kirby, P. N., 1997, S. 198f.
[48] Vgl. URL 12; URL 13.
[49] Vgl. URL 14.
[50] Vgl. URL 15; URL 16.
[51] Vgl. Schindler, R. M./Kirby, P. N. 1997, S. 198f.

4. Zusammenfassung und Ausblick

Ziel dieser Arbeit war es, die Formen und Probleme der Interdependenzen zwischen der Preis- und der Kommunikationspolitik darzulegen. Zudem sollten korrespondierende Lösungsansätze am Beispiel der Lebensmittelbranche aufgezeigt werden.

Aufgrund der Größe und Vielfältigkeit der deutschen Lebensmittelbranche mit seinen 700.000 Betrieben, konzentrierte sich die vorliegende Arbeit auf den Lebensmitteleinzelhandel. Zwischen der Preis- und der Kommunikationspolitik bestehen Interdependenzen, welche in die funktionale und zeitliche Form untergliedert werden. Das Problem der funktionalen Form besteht in dem Preisurteil des Kunden, welches zu einem negativen Preisimage des Unternehmens führen kann. Dem kann, je nach Preisstrategie, durch die Kommunikation der Preiswürdigkeit und/oder der Preisgünstigkeit an den Konsumenten entgegengewirkt werden. Bei der zeitlichen Form ist das Problem erkennbar, dass das fehlende Preisinteresse der Kunden die Kundengewinnung erschwert. Aus diesem Grund ist es unerlässlich, dass die Preise und deren Reduktionen frühzeitig an den Konsumenten kommuniziert werden, um das Preisinteresse der Kunden zu erhöhen. Da die Literatur die Interdependenzen zwischen der Preis- und der Kommunikationspolitik bisher nur unzureichend behandelt, wäre es interessant, diese auch auf aktuelle Problematiken wie beispielsweise die Corona-Krise anzuwenden. Ein interessanter Ansatz wäre, zu untersuchen, ob sich die Preiswahrnehmung und das Preisurteil der Verbraucher in der Krise geändert haben und wie sich dies auf die Wahl der Einkaufsstätte auswirkt. Zudem sollte in diesem Zusammenhang analysiert werden, wie die Lebensmitteleinzelhändler auf das veränderte Kundenverhalten im Hinblick auf die Interdependenzen zwischen der Preis- und der Kommunikationspolitik reagieren, um neue Kunden zu gewinnen und eine Kundenbindung zu erzeugen. Zusammenfassend ist erkennbar, dass es weitere vielfältige Möglichkeiten gibt, die Interdependenzen zwischen der Preis- und der Kommunikationspolitik auch im Hinblick auf andere Branchen zu übertragen und die daraus resultierenden Problematiken und Lösungsansätze aufzuzeigen.

Literaturverzeichnis

Anitsal, I./Girard, T./Anitsal, M. M. 2012: An Application of services marketing Mix Framework – How do retailers communicate information on their sales receipts, in Business Studies Journal, Vol. 4, 2012, No. 2, pp. 77-90.

Baum, F. 2002: Handelsmarketing – Marktforschung im Handel – Marketing - Konzeptionen – Instrumente des Handelsmarketing, Herne/Berlin 2002.

Becker, J. 2019: Grundlagen des zielstrategischen und operativen Marketing - Managements, 11., akt. und erg. Aufl., München 2019.

Bruhn, M. 2014: Handbuch für ein integriertes Kommunikationsmanagement, 3., vollst. überarb. und erw. Aufl., München 2014.

Diller, H. (Hrsg.) 2008: Preispolitik, 4., vollst. überarb. Aufl., Stuttgart 2008.

Dolgui A./Proth, J. M. 2010: Pricing strategies and models, in: Annual Reviews in Control, Vol. 34, 2010, No. 1, pp. 1-19.

Gerschau, M. 2000: Entscheidungsfeld Kommunikationspolitik, in: Wagner P. (Hrsg.): Marketing in der Agrar- und Ernährungswirtschaft, Landwirtschaftliches Lehrbuch, 7., vollst. überarb. und erw. Aufl., Stuttgart 2000, S. 233-276.

Gröppel-Klein, A./Germelmann, C. C. 2009: Medien im Marketing, 1. Aufl., Wiesbaden 2009.

Hadar, L./Danziger, S./Morwitz, V. 2014: Retailer Pricing Strategy and Consumer Choice under Price uncertainly, in: Journal of Consumer Research, Vol. 3, 2014, No. 3, pp. 54-55.

Hamilton, R./Chernev, A. 2013: Low prices are just the beginning – Price image in retail Management, in: Journal of Marketing, Vol. 77, 2013, No. 6, pp. 1-20.

Hoch, S. J./Drèze, X./Purk, M. E. 1994: EDLP, Hi – Lo, and Margin Arithmetic, in: Journal of Marketing, Vol. 58, 1994, No. 4, pp. 16-27.

Kroeber-Riel, W./Esch, F.-R. 2015: Strategie und Technik der Werbung – Verhaltenswissenschaftliche Ansätze, 8., vollst. überarb. und erw. Aufl., Stuttgart 2015.

Meffert, H./Burmann, C./Kirchgeorg, M. 2014: Marketing – Grundlagen marktorientierter Unternehmensführung, 12., vollst. überarb. Aufl., Wiesbaden 2014.

Ofir, C. et al 2008: Memory - Based Store Price Judgements – The Role of Knowledge and Shopping Experience, in: Journal of Retailing, Vol. 41, 2008, No. 3, pp. 8.

Otto, F. 2006: Supermärkte, Verbrauchermärkte, SB - Warenhäuser, in: Zentes, J. (Hrsg.), Handbuch Handel, Wiesbaden 2006.

Pechtl, H. 2014: Preispolitik – Behavioral Pricing und Preissysteme, 2., vollst. überarb. und erw. Aufl., Stuttgart 2014.

18

Pepels, W. 2006: Pricing leicht gemacht – Höhere Gewinne durch optimale Preisgestaltung, Heidelberg 2006.

Rao, R. C./Syam, N. 2001: Equilibrium price communication and unadvertised specials by competing supermarkets, in: Management Science, Vol. 20, 2001, No 1, pp. 61-81.

Schindler, R. M./Kirby, P. N. 1997: Patterns of Rightmost Digits Used in Advertised Prices – Implications for Nine-Ending Effects, in: Journal of Consumer Research, Vol. 24, 1997, No. 2, pp. 192-201.

Siems, F. 2009: Preismanagement, Konzepte – Strategien – Instrumente, München 2009.

Siems, F./Hofmann, J. 2006: Preiskommunikation – Herausforderung der Kommunikationspolitik von Unternehmen vor dem Hintergrund veränderter Marktbedingungen, in: Boenigk, M./Krieger, D./Belliger, A./Hug, C. (Hrsg.): Innovative Wirtschaftskommunikation – Interdisziplinäre Problemlösungen für die Wirtschaft, Wiesbaden 2006, S. 49-63.

Singh, M. 2012: Marketing Mix of 4P`S for Competitive Advantage, in: Journal of Business and Management, Vol. 3, 2012, No. 6, pp 40-45.

Todorova, G. 2015: Marketing communication mix, in: Trakia journal of science, Vol. 13, 2015, No. 1, pp. 368-374.

Weiss, C. R./Wittkopp, A. 2005: Retailer concentration and product innovation in food manufacturing, in: European Review of Agricultural Economics, Vol. 32, 2005, No. 2, pp. 219-244.

URL-Verzeichnis

URL1: Homepage der KPMG AG, https://assets.kpmg/content/dam/kpmg/pdf/2013/01/Trends-im-Handel-2020-KPMG.pdf, (17/05/2020).

URL2: Homepage der The Nielsen Company (Germany) GmbH, https://www.nielsen.com/de/de/insights/article/2019/shopper-trends-2019/ (17/05/2020).

URL 3: Homepage von Simon Kucher et al., https://www.presseportal.de/pm/78805/4162168 (17.05.2020).

URL 4: Homepage des Lebensmittelverbands, https://www.lebensmittelverband.de/de/lebensmittel/wirtschaft-branche (20.05.2020).

URL 5: Homepage der Bundesvereinigung der deutschen Ernährungsindustrie, https://www.bve-online.de/presse/pressemitteilungen/pm-20200115-konjunkturdaten (20.05.2020).

URL 6: Homepage des Bundesverband des Deutschen Lebensmittelhandels e.V., https://www.bvlh.net/daten-fakten/detail.html?tx_fpfakten_faktenpi1%5Bcid%5D=1286&tx_fpfakten_faktenpi1%5Baction%5D=show&tx_fpfakten_faktenpi1%5Bcontroller%5D=Fakten&cHash=c48fd00cafb52c3ef3ccbd1250f8e1a9 (21.05.2020).

URL 7: Homepage der The Nielsen Company (Germany) GmbH, https://statcdn.com/promo/infographicService/Nielsen_Booklet_WEB.pdf (20.05.2020).

20

URL 8: Dunnhumby 2018: Homepage des Trend Reports, http://www.trendreport.de/wpcontent/uploads/2019/01/PricePerception_Germany_DE.____pdf (26.05.2020).

URL 9: Homepage von Rewe, https://www.rewe.de/marken/eigenmarken/ja/ (27.05.2020).

URL 10: Homepage von Aldi — aktuelle Printausgabe, https://magazine.aldi-nord.de/aldi-nord/aldi-aktuell/#/ (27.05.2020).

URL 11: Homepage von Rewe, https://www.rewe.de/marken/eigenmarken/rewe-beste-wahl/ (27.05.2020).

URL 12: Homepage von Netto, https://jedewoche-rabatte.de/netto-marken-discount/netto-marken-discount-prospekt-oHpvr16v7P-0 (31.05.2020).

URL 13: Homepage von Aldi Nord, https://magazine.aldi-nord.de/aldi-nord/aldi-aktuell/#/ (31.05.2020).

URL 14: Homepage von Simon Kucher et al, https://www.simon-kucher.com/de/about/media-center/lebensmitteleinzelhandel-der-handzettel-der-zukunft (31.05.2020).

URL 15: Homepage von Netto, https://jedewoche-rabatte.de/netto-marken-discount/netto-marken-discount-prospekt-oHpvr16v7P-0 (01.06.2020).

URL 16: Homepage von Aldi Nord, https://magazine.aldi-nord.de/aldi-nord/aldi-aktuell/#/ (01.06.2020).

Erklärung

Ich erkläre, dass ich die Seminar-/Bachelor-/Masterarbeit selbstständig und ohne unzulässige Inanspruchnahme Dritter verfasst habe. Ich habe dabei nur die angegebenen Quellen und Hilfsmittel verwendet und die aus diesen wörtlich, inhaltlich oder sinngemäß entnommenen Stellen als solche den wissenschaftlichen Anforderungen entsprechend kenntlich gemacht. Die Versicherung selbstständiger Arbeit gilt auch für Zeichnungen, Skizzen oder graphische Darstellungen. Die Arbeit wurde bisher in gleicher oder ähnlicher Form weder derselben noch einer anderen Prüfungsbehörde vorgelegt und auch noch nicht veröffentlicht. Mit der Abgabe der elektronischen Fassung der endgültigen Version der Arbeit nehme ich zur Kenntnis, dass diese mit Hilfe eines Plagiatserkennungsdienstes auf enthaltene Plagiate überprüft und ausschließlich für Prüfungszwecke gespeichert wird.

10.06.2020

[Datum]   [Unterschrift]

AF193468

APRENDER CON DESTREZA

LA METODOLOGÍA TBL APLICADA AL ÁREA DE RELIGIÓN CATÓLICA

Ángel Muñoz Álvarez
M.ª Dolores Ballesta García
M.ª del Socorro Fuentes Prieto

Cuaderno de trabajo

3

ESO

Josefinas-Trinitarias

sm

P P C

Equipo redactor
Ángel Muñoz Álvarez, M.ª Dolores Ballesta García
y M.ª del Socorro Fuentes Prieto

Edición
Carmen Picó Guzmán y Julio S. Johnson

Diseño de interiores y maquetación
Eugenia Pannaría Molina

Diseño de cubierta
Estudio SM

Fotografía
Montse Fontich / Archivo SM; Photodisc; Thinkstock;
CORDON PRESS; Shutterstock; iStock; ARCHIVO SM

© 2024, PPC, Editorial y Distribuidora, S.A.
   Parque Empresarial Prado del Espino
   Impresores, 2
   28660 Boadilla del Monte (Madrid)
   ppcedit@ppc-editorial.com
   www.ppc-editorial.es

ISBN: 978-84-288-4133-7
Depósito legal: M-4344-2024

Impreso en España/ *Printed in Spain*

¿PARA QUÉ SIRVE ESTE CUADERNO?

Este cuaderno está diseñado especialmente para ayudarte a pensar y, más importante aún, a reflexionar sobre cómo aprendes. A lo largo de seis lecciones, explorarás diversas habilidades que te permitirán profundizar en los temas de la asignatura de Religión. Siempre contarás con la orientación de tu profesor o profesora. Y para ello, utilizamos un método llamado "Aprendizaje basado en el pensamiento" (TBL), una estrategia educativa desarrollada por Robert Swartz. Este enfoque te ofrecerá maneras interesantes y entretenidas de abordar los contenidos de esta materia. ¡Prepárate para un viaje educativo, estimulante y reflexivo!

¡ATRÉVETE A EXPLORAR OTRAS FORMAS DE PENSAR PARA APRENDER!

¿CÓMO VAMOS A APRENDER EN CADA MOMENTO?

1. Comenzamos

Una introducción que varía en cada lección, pero que te sumergirá en el enfoque y conocimiento de la destreza que emplearás para a descubrir y practicar una nueva forma de pensar y aprender.

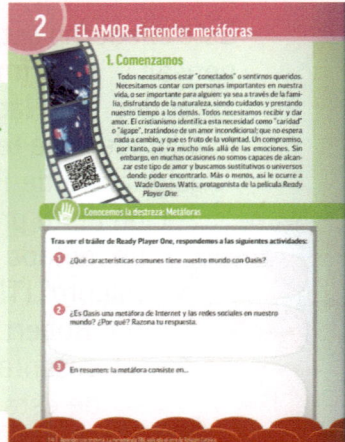

2. Desarrollamos

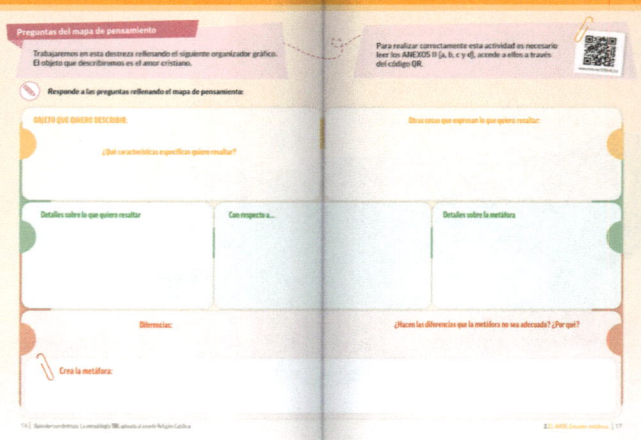

A través de diversas preguntas, tu proceso de aprendizaje se dirigirá hacia la meta: aprender un nuevo contenido y utilizar una destreza diferente de pensamiento articulada desde un "mapa de pensamiento", el cual tendrá distintas formas que te invitarán a activar y poner en marcha tu cerebro.

En cada unidad se desarrolla una parte del currículo de la asignatura de Religión mediante el desarrollo de una destreza o estrategia de pensamiento. A veces trabajarás de manera individual y otras en grupo, pero siempre con la finalidad de crear un "mapa de pensamiento" que te guiará en cada etapa de tu aprendizaje y que reflejará todo el proceso del mismo. Lo haremos a través de tres momentos: comenzamos, desarrollamos y evaluamos.

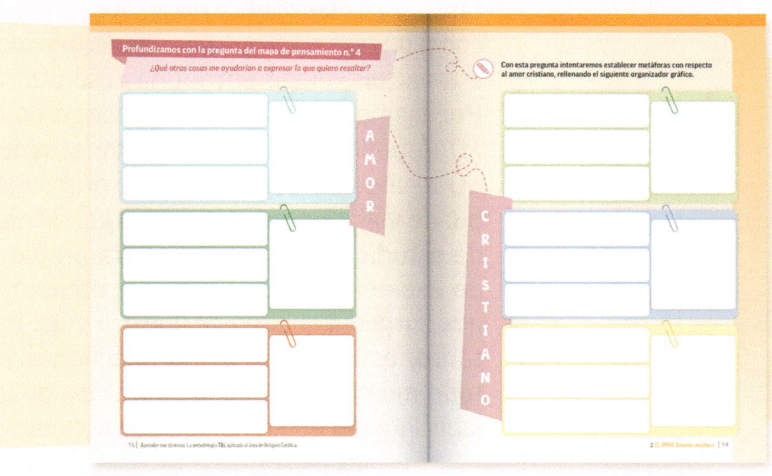

3. Evaluamos

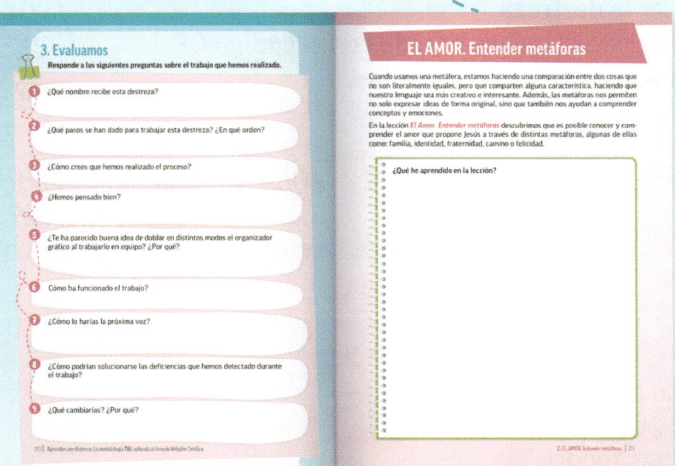

Al final de cada unidad, tendrás la oportunidad de evaluar lo que has aprendido y cómo lo has hecho. Las preguntas te orientarán. ¿Quieres entrenar y expandir tus habilidades de pensamiento?

1. Comenzamos

 En el menor tiempo posible, intenta completar este laberinto.

Tomamos decisiones en todo momento. Unas pueden ser importantes, otras no tanto. Y es que, el día a día se nos presenta como un reto en el que nos vemos movidos a tener que elegir entre una cosa u otra. Por ejemplo: ¿qué ropa me pongo hoy? ¿Qué película ver cuando voy al cine? ¿Qué música escuchar? ¿A qué lugar puedo viajar en vacaciones? ¿Qué técnica de estudio podría emplear para preparar un examen? Estas pueden ser preguntas que surgen a lo largo de nuestra vida. Por tanto, estamos tomando decisiones en todo momento, como si se tratase de un laberinto del que tenemos que escapar.

✋ Conocemos la destreza: Toma de decisiones

Vamos a conocer la destreza Toma de decisiones con el siguiente corto al que se accede con el código QR. Después responderemos a las preguntas.

www.e-sm.net/219046_02

1 ¿Qué título pondrías a este corto?

2 ¿Qué decisión toma el primer muñeco? ¿Qué le sucede? ¿Qué le ocurre al segundo muñeco? ¿Por qué?

3 ¿El tercer muñeco debe tomar alguna decisión? ¿Cuál sería? ¿Qué consecuencias tendría?

4 ¿Qué otras decisiones podría tomar el tercer muñeco? ¿Serían buenas?

2. Desarrollamos

 **Construimos un mapa de pensamiento tomando decisiones**

En el Evangelio podemos encontrar situaciones en las que los apóstoles tuvieron que tomar decisiones, algunas de ellas muy importantes. Jesús los llamó, y ellos tuvieron que decidir si lo dejaban todo o no para seguir sus pasos. Todos ellos, junto a Jesús, formaron la primera comunidad de discípulos. Y aquella decisión les cambió la vida.

www.e-sm.net/219046_01

La invitación de Jesús a seguirle supone que analicemos las posibles opciones, así como evaluar cuál de ellas nos conviene más. Para ello, leeremos los ANEXOS IIa y IIb (disponibles en el código QR), y responderemos a las preguntas del mapa de pensamiento.

Preguntas para construir el mapa de pensamiento

1 ¿Por qué tenemos que tomar una decisión?

2 ¿Cuáles son mis opciones?

3 ¿Cuáles son las consecuencias probables, buenas o malas, de cada opción?

4 ¿Qué importancia tienen las consecuencias?

5 ¿Qué opción es la mejor a la luz de las consecuencias?

Preguntas para construir el mapa de pensamiento n.º 1 y 2

1 ¿Por qué tenemos que tomar una decisión?

2 ¿Cuáles son mis opciones?

TOMA DE DECISIONES

Opciones:

Opcion considerada
↓

3 ¿Cuáles son las consecuencias probables, buenas o malas, de cada opción?

4 ¿Qué importancia tienen las consecuencias?

 Responde a estas preguntas rellenando esta parte del mapa de pensamiento:

CONSECUENCIAS: ¿Qué consigues si eliges esta opción?

JUSTIFICACIÓN: ¿Por qué crees que ocurrirá eso?

VALOR: ¿Qué importancia tiene esa consecuencia?

5 ¿Qué opción es la mejor a la luz de las consecuencias?

OPCIÓN

OPCIÓN

CONSECUENCIAS

CONSECUENCIAS

¿CUÁL ES LA MEJOR OPCIÓN A LA LUZ DE LAS CONSECUENCIAS?

 **Responde a esta pregunta rellenando esta parte del mapa de pensamiento:**

OPCIÓN

OPCIÓN

CONSECUENCIAS

CONSECUENCIAS

3. Evaluamos

Responde a las siguientes preguntas sobre el trabajo que hemos realizado.

1 ¿Qué nombre recibe esta estrategia?

2 ¿Cuáles son los pasos que hemos dado?

3 ¿Cómo crees que hemos realizado el proceso?

4 ¿Cómo lo harías tú?

UNA DECISIÓN VITAL. Toma de decisiones

Tomar decisiones nos ayuda a adaptarnos a cualquier circunstancia, orientando y dando rumbo a nuestra historia personal; y ofreciéndonos nuevas oportunidades para crecer y explorar horizontes. No se trata de un simple acto cotidiano, sino que va más allá: nos ayuda a definir nuestra identidad y formar nuestra experiencia.

En la lección *Una decisión vital. Toma de decisiones*, a través del relato evangélico del Joven rico, aprendimos la importancia que tiene tomar decisiones, considerar las distintas opciones así como las consecuencias que pueden surgir y determinar nuestras vidas.

¿Qué he aprendido en la lección?

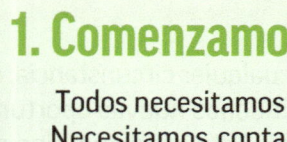

1. Comenzamos

Todos necesitamos estar "conectados" o sentirnos queridos. Necesitamos contar con personas importantes en nuestra vida, o ser importante para alguien: ya sea a través de la familia, disfrutando de la naturaleza, siendo cuidados y prestando nuestro tiempo a los demás. Todos necesitamos recibir y dar amor. El cristianismo identifica esta necesidad como "caridad" o "ágape", tratándose de un amor incondicional; que no espera nada a cambio, y que es fruto de la voluntad. Un compromiso, por tanto, que va mucho más allá de las emociones. Sin embargo, en muchas ocasiones no somos capaces de alcanzar este tipo de amor y buscamos sustitutivos o universos donde poder encontrarlo. Más o menos, así le ocurre a Wade Owens Watts, protagonista de la película *Ready Player One*.

Conocemos la destreza: Metáforas

Tras ver el tráiler de Ready Player One, respondemos a las siguientes actividades:

1 ¿Qué características comunes tiene nuestro mundo con Oasis?

2 ¿Es Oasis una metáfora de Internet y las redes sociales en nuestro mundo? ¿Por qué? Razona tu respuesta.

3 En resumen: la metáfora consiste en...

2. Desarrollamos

 **Construimos un mapa de pensamiento a partir de una nueva metáfora**

? Antes de crear una nueva metáfora, ¿qué se necesita saber?

Preguntas para construir el mapa de pensamiento

1 ¿Qué objeto, persona o evento quiero describir usando una metáfora?

2 ¿Qué característica específica quiero resaltar sobre el objeto, persona o evento?

3 ¿Cuáles son los detalles de esta característica?

4 ¿Qué otras cosas me ayudarían a expresar lo que quiero resaltar?

5 ¿Cuál quiero analizar para ver si es una buena metáfora?

6 ¿Qué detalles de la metáfora analizada se corresponden con lo que quiero resaltar?

7 ¿Hay diferencias importantes entre las características de la metáfora y lo descrito?

Preguntas del mapa de pensamiento

Trabajaremos en esta destreza rellenando el siguiente organizador gráfico. El objeto que describiremos es el amor cristiano.

 Responde a las preguntas rellenando el mapa de pensamiento:

OBJETO QUE QUIERO DESCRIBIR:

¿Qué características específicas quiero resaltar?

Detalles sobre lo que quiero resaltar

Con respecto a...

Diferencias:

 Crea la metáfora:

Para realizar correctamente esta actividad es necesario leer los ANEXOS II (a, b, c y d), accede a ellos a través del código QR.

www.e-sm.net/219046_03

Otras cosas que expresan lo que quiero resaltar:

Detalles sobre la metáfora

¿Hacen las diferencias que la metáfora no sea adecuada? ¿Por qué?

Profundizamos con la pregunta del mapa de pensamiento n.º 4

¿Qué otras cosas me ayudarían a expresar lo que quiero resaltar?

A
M
O
R

Con esta pregunta intentaremos establecer metáforas con respecto al amor cristiano, rellenando el siguiente organizador gráfico.

C
R
I
S
T
I
A
N
O

3. Evaluamos

Responde a las siguientes preguntas sobre el trabajo que hemos realizado:

1 ¿Qué nombre recibe esta destreza?

2 ¿Qué pasos se han dado para trabajar esta destreza? ¿En qué orden?

3 ¿Cómo crees que hemos realizado el proceso?

4 ¿Hemos pensado bien?

5 ¿Te ha parecido buena idea doblar en distintos modos el organizador gráfico al trabajarlo en equipo? ¿Por qué?

6 ¿Cómo ha funcionado el trabajo?

7 ¿Cómo lo harías la próxima vez?

8 ¿Cómo podrían solucionarse las deficiencias que hemos detectado durante el trabajo?

9 ¿Qué cambiarías? ¿Por qué?

EL AMOR. Entender metáforas

Cuando usamos una metáfora, estamos haciendo una comparación entre dos cosas que no son literalmente iguales, pero que comparten alguna característica, haciendo que nuestro lenguaje sea más creativo e interesante. Además, las metáforas nos permiten no solo expresar ideas de forma original, sino que también nos ayudan a comprender conceptos y emociones.

En la lección *El Amor. Entender metáforas* descubrimos que es posible conocer y comprender el amor que propone Jesús a través de distintas metáforas, algunas de ellas como: familia, identidad, fraternidad, camino o felicidad.

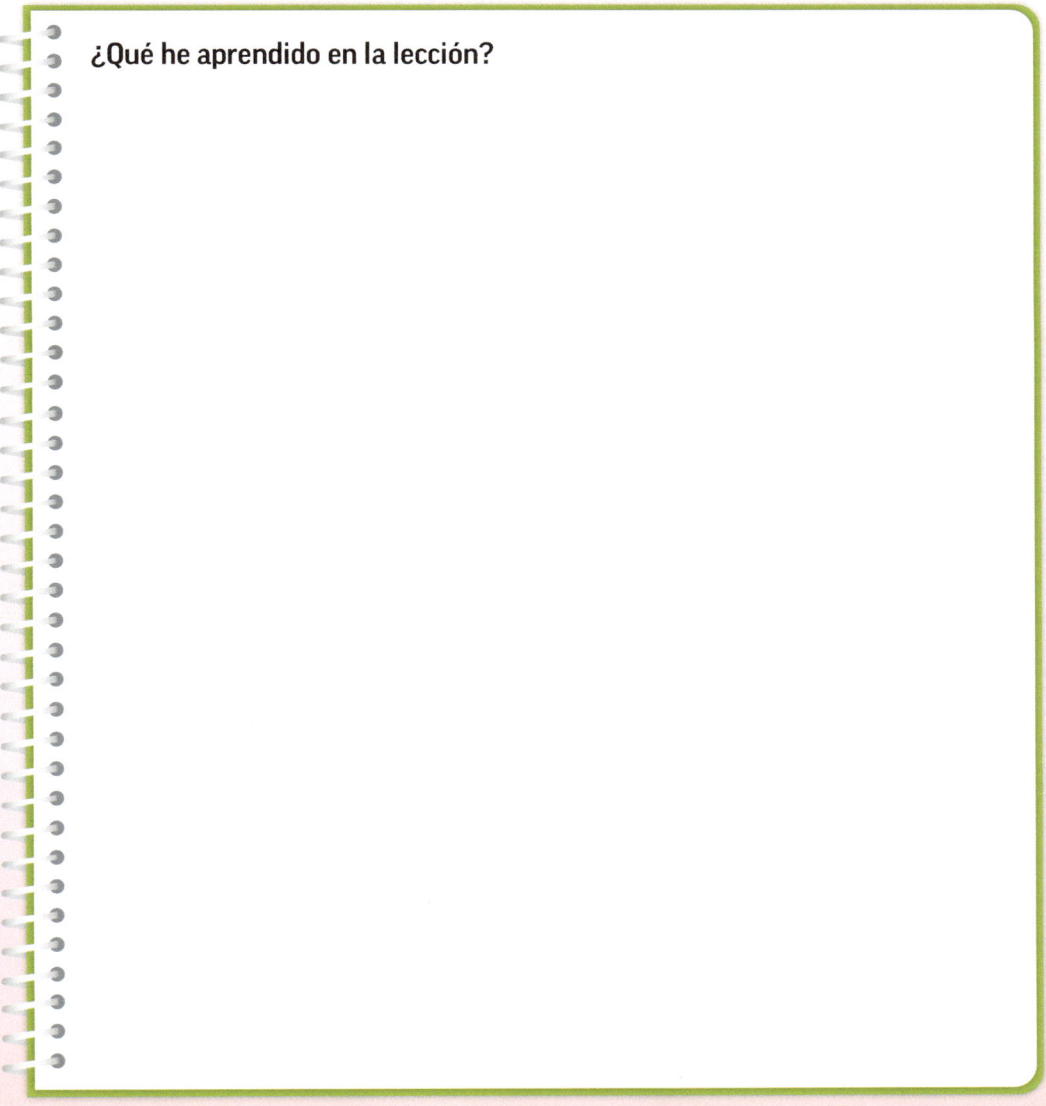

¿Qué he aprendido en la lección?

1. Comenzamos

- ¿Qué es lo que celebran los cristianos en Semana Santa?

- ¿Por qué fue condenado Jesús a muerte?

- ¿Fue justo su juicio?

- ¿Cuáles fueron las causas que empujaron a su condena a muerte?

Conocemos la destreza: Explicación causal

Vamos a practicar la destreza Explicación causal con el siguiente fragmento de la película "Doce hombres sin piedad" (1957), al que se accede con el código QR. Después responderemos a las preguntas.

www.e-sm.net/219046_06

1 ¿Qué hecho están intentando reconstruir los miembros del jurado? ¿Qué intentan explicar?

2 ¿Qué hace pensar a los jueces que el joven sea culpable?

2. Desarrollamos

 **Construimos un mapa de pensamiento explicando las causas**

Al igual que en "Doce hombres sin piedad", el juicio de Jesús fue también un aconte-cimiento en el que la víctima inocente finalmente era condenada, y en este caso: crucificado. Llegados a a este punto, nos preguntamos: ¿por qué fue condenado a muerte? ¿qué causas movieron a los jueces a tomar la decisión de condenarlo?

Preguntas para construir el mapa de pensamiento

1 ¿Qué evento ha ocurrido del que queremos conocer la causa o causas?

2 ¿Cuáles han sido las posibles causas del acontecimiento?

3 Para cada posible causa: ¿qué información necesitas para determinar si es posible o improbable?, ¿qué evidencias has encontrado?, ¿cuentan a favor o en contra de la probabilidad de la causa o son irrelevantes?

4 ¿Es esta causa probable, improbable o dudosa?

5 ¿Qué causa es más probable teniendo en cuenta las evidencias disponibles?

1 ¿Qué evento ha ocurrido del que queremos conocer la causa o causas?

2 ¿Cuáles han sido las posibles causas del acontecimiento?

EVENTO DEL QUE QUEREMOS CONOCER LA CAUSA O CAUSAS:

CAUSAS:

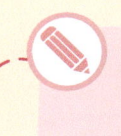

Responde a las preguntas rellenando el mapa de pensamiento:

Para ayudarte, consulta el documento PROFUNDIZA a través de este código QR.

www.e-sm.net/219046_06

3 Para cada posible causa: ¿qué información necesitas para determinar si es posible o improbable?, ¿qué evidencias has encontrado?, ¿cuentan a favor o en contra de la probabilidad de la causa o son irrelevantes?

4 ¿Es esta causa probable, improbable o dudosa?

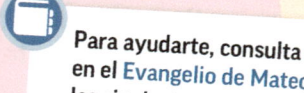

Para ayudarte, consulta en el Evangelio de Mateo las siguientes citas:
- Mt 26,47-75
- Mt 27,1-27

Responde a estas preguntas rellenando esta parte del mapa de pensamiento:

CAUSAS	FUENTE DE INFORMACIÓN	EVIDENCIAS

5 *¿Qué causa es más probable teniendo en cuenta las evidencias disponibles?*

CAUSAS	PROBABILIDAD O IMPROBABILIDAD (+ / -)

3. Evaluamos

Responde a las siguientes preguntas sobre el trabajo que hemos realizado:

1 ¿Cómo se llama la estrategia de pensamiento que hemos llevado a cabo?

2 ¿Qué pasos hemos dado? ¿Cómo hemos ido pasando de uno a otro? ¿Qué hemos hecho en cada uno?

3 ¿Cómo valoras el trabajo que hemos realizado? ¿Hemos pensado bien? ¿Cómo hemos seleccionado y valorado las evidencias? ¿Cómo ha funcionado tu grupo de trabajo?

4 ¿Cómo aplicaríamos esta estrategia de pensamiento la próxima vez? ¿Cambiarías algo? ¿En qué sentido?

5 ¿En qué otros contextos, de clase, de tu vida, podrías aplicar esta estrategia?

JUICIO A JESÚS. Explicación causal

La explicación causal es una poderosa estrategia de pensamiento que nos ayuda a entender el por qué de las cosas. En lugar de observar eventos, esta herramienta nos permite explorar conexiones y relaciones que explican el por qué de cualquier tema. Además, nos ayuda a reflexionar y comprender, siendo críticos y analíticos y, de ese modo, ir más allá de lo evidente y conocer otras perspectivas.

En la lección *Juicio a Jesús*. Explicación causal pudimos aplicar esta estrategia para valorar las diferentes evidencias que explicaron su condena a muerte, teniendo en cuenta la poca o mucha probabilidad de las mismas.

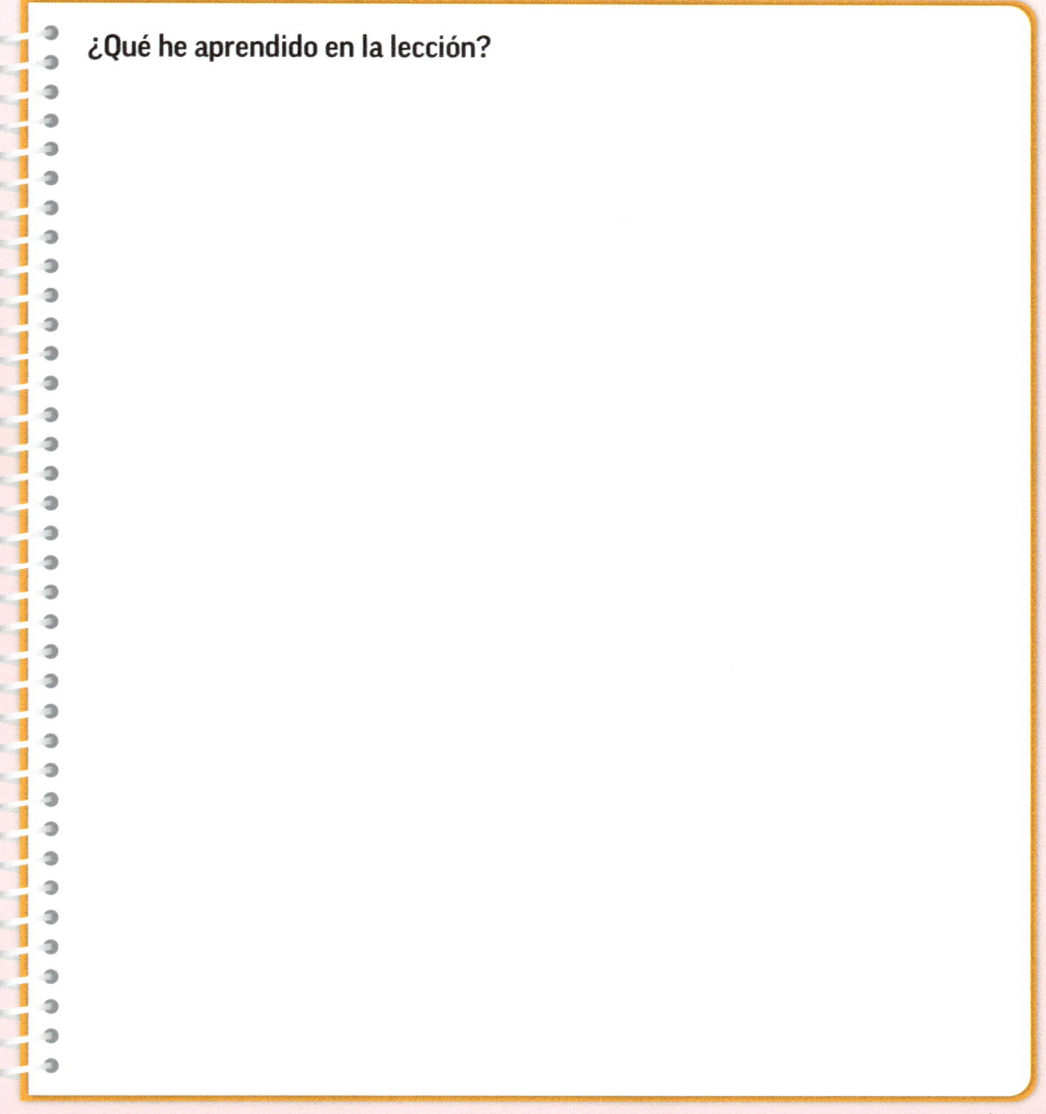

¿Qué he aprendido en la lección?

Comenzamos

Dios ha revelado su presencia en la historia a través de textos sagrados que podemos encontrar en la Biblia, la cual se divide en distintas colecciones dividi-das en Antiguo y Nuevo Testamento. Es importante que sepamos que cada uno de los libros que componen la Biblia ha vivido una historia compleja. De hecho, durante los primeros siglos, surgieron escritos que incluían dichos y proverbios de Jesús, historias sobre su vida privada o relatos atribuidos a los apóstoles.

Pero no fue hasta siglos después, cuando la Iglesia estableció el listado oficial de los libros de la Biblia (el canon bíblico), dejando a un lado aquellos que con-sideraba de falsa o dudosa credibilidad; y a estos libros se les ha reconocido hasta nuestros días como "evangelios apócrifos". Sin embargo, el contenido de la Biblia ha ido cambiando según las distintas ramas del cristianismo. Algunas iglesias tienen libros adicionales, mientras que otras reconocen un listado con menos libros. Por tanto, esta diversidad se entiende desde la riqueza y diversi-dad de la historia bíblica, ya que nos muestra cómo diferentes comunidades cristianas han seleccionado e interpretado estos textos.

Aún así, es necesario que identifiquemos un buen criterio que nos permita ave-riguar qué textos pertenecen al canon bíblico y por qué. Es decir, es importante reconocer si las fuentes de los mismos son fiables o no.

Conocemos la destreza: Fiabilidad de las fuentes

Vamos a practicar la destreza Fiabilidad de las fuentes **con el siguiente video, al que se accede con el código QR. Después responderemos a las preguntas.**

www.e-sm.net/219046_09

1 ¿Qué tipo de fuente hemos visualizado?

2 De acuerdo con el vídeo, el producto es un remedio excepcional, ¿qué debemos saber para confirmar que es cierto?

3 ¿Nos podemos fiar de lo que nos informa el vídeo? ¿Por qué?

2. Desarrollamos

Construimos un mapa de pensamiento explicando las causas

Somos un equipo de especialistas en estudios bíblicos y hemos sido contratados para desarrollar una importante misión, ya que un grupo de arqueólogos ha encontrado en Armenia (Turquía), un nuevo manuscrito y nosotros debemos identificarlo y confirmar si puede o no ser incluido en el canon bíblico.

www.e-sm.net/219046_09

El texto del manuscrito se encuentra en el ANEXO I, y para acceder a él disponemos de este código QR.

Preguntas para construir el mapa de pensamiento

1 ¿Cuál es el tipo de fuente de información?

2 ¿Qué preguntas podemos hacernos sobre sobre distintos factores que intervienen en la fuente?
- De acuerdo con el autor:

- De acuerdo con la publicación:

- De acuerdo con el tema:

3 Por tanto, ¿es fiable la fuente?

Existen muchos tipos de fuentes, ¿podrías escribir algunos ejemplos según esta clasificación?

ESCRITA

AUDIOVISUAL

INTERNET

1 ¿A qué tipo de información corresponde el manuscrito?

¿EN QUÉ TE BASAS PARA AFIRMARLO? ¿POR QUÉ?

¿QUÉ OTROS LIBROS CONOCES QUE SE ENCUENTREN EN ESTA CATEGORÍA?

2 *¿Qué preguntas podemos hacernos sobre sobre distintos factores que intervienen en una fuente?*

PREGUNTAS PARA ESCLARECER LA FIABILIDAD DE UNA FUENTE

PREGUNTA FORMULADA

¿Quién escribe?

¿A qué se dedicaba?

¿Intenta persuadirnos de algo?

¿Cuándo y dónde se ha escrito el evangelio?

¿Fue testigo ocular de los hechos?

¿Otros evangelios corroboran la información?

¿Es una información que coincide con el dogma?

¿Otros han corroborado su observación?

¿Fue pagado por ello? ¿Para quién escribía?

¿En qué medios actuales se ha publicado?

¿Qué dicen otros expertos en la materia actualmente?

Selecciona seis preguntas que puedan ayudarte en la misión y abordar la siguiente pregunta del mapa de pensamiento.

	AUTOR	OBRA	MATERIA

Profundizamos con la pregunta del mapa de pensamiento n.º 3

3 *¿Es fiable la fuente?*

FIABILIDAD
DE LAS
FUENTES USADAS

PREGUNTAS RELEVANTES

FUENTE JUZGADA

Responde a estas preguntas rellenando esta parte del mapa de pensamiento.

INFORMACIÓN OBTENIDA

INCIERTO
NO FIABLE / FIABLE

3. Evaluamos

Responde a las siguientes preguntas sobre el trabajo que hemos realizado:

1 ¿Qué es lo que hemos hecho a lo largo de la actividad?

2 ¿Cómo se denomina la destreza de pensamiento que hemos practicado?

3 ¿Cómo hemos pensado? ¿Qué pasas hemos dado?

4 ¿Nos ha servido para resolver nuestra misión?

5 ¿Cómo aplicaríamos esta estrategia de pensamiento la próxima vez? ¿Cambiarías algo? ¿En qué sentido?

6 ¿En qué otros contextos, de clase, de tu vida, podrías aplicar esta estrategia?

EVANGELIOS APÓCRIFOS.
Fiabilidad de las fuentes

En el mundo actual, con mucha información disponible en Internet, en la televisión, periódicos, libros..., es probable que nos encontremos con afirmaciones que no sean ciertas, y por lo tanto la fuente de la que proceden no sea fiable. Por tanto, la destreza sobre la fiabilidad de las fuentes nos permite valorar si la información que recibimos es correcta o falsa.

En la lección *Evangelios apócrifos. Fiabilidad de las fuentes* pudimos aplicar esta estrategia enrolados en una misión en la que tuvimos que conocer y analizar la fuente de un supuesto manuscrito susceptible de ser incluido en la Biblia.

¿Qué he aprendido en la lección?

Comenzamos

No estamos solos, compartimos la vida con otros desde el momento en que nacemos.

- ¿Podrías mencionar el nombre de los grupos a los que perteneces?

- ¿Con qué personas se relacionó Jesús en su vida?

- ¿Qué significa para ti la palabra "comunidad"?

Para entender el significado de "comunidad", vamos a ver dos vídeos de la película **Divergente**, y de ese modo aprender a emplear la destreza de la clasificación descendente.

www.e-sm.net/219046_11

VÍDEO 1

1 ¿Cómo entra cada persona a formar parte de un grupo y otro?

VÍDEO 2

2 ¿Qué es lo que revela la prueba?

3 Si una persona es humilde y se preocupa por los demás, ¿en qué grupo la incluiríamos?

4 ¿Y, si una persona es pacífica y le gusta la naturaleza, en qué grupo estaría?

5 Una persona que siente amor a la verdad, ¿en qué grupo podría ser integrada?

6 ¿En qué grupo podría encajar Tris?

Conocemos la destreza: Fiablidad de las fuentes

La película *Divergente* puede servir de ejemplo para entender qué y como es la Iglesia. Así, en varias de sus tramas los personajes de cada grupo conocen cuál es su sitio, así como que unos se necesitan a otros. Lo mismo sucede con la Iglesia: todos necesitamos de todos, pero existe una clasificación en la que todos nos organizamos. Por tanto, en esta lección utilizaremos la destreza de pensamiento de la Clasificación descendente.

2. Desarrollamos

Construimos un mapa de pensamiento clasificando categorías y características

Para desarrollar nuestro trabajo, es necesario que consultes el ANEXO II, en el que se encuentran la explicación de la misión de la Iglesia, así como sus categorías para trasladarlas al mapa de pensamiento siguiendo las siguientes preguntas:

www.e-sm.net/219046_10

- El texto del manuscrito se encuentra en el ANEXO II, y para accerder a él disponemos de este código QR.

Preguntas para construir el mapa de pensamiento

1 ¿En qué categorías vamos a clasificar los objetos?

2 ¿Cuáles son las características que definen a las categorías?

3 ¿Cuáles son las características de cada objeto?

4 Basándote en sus características, ¿qué categorías vas a clasificar los objetos?

1 ¿En qué categorías vamos a clasificar los objetos?

2 ¿Cuáles son las características que definen a las categorías?

TIPO DE CATEGORÍAS PARA CLASIFICAR

CATEGORÍA:

CATEGORÍA:

Definición de las características

Definición de las características

Responde a estas preguntas rellenando esta parte del mapa de pensamiento.

CATEGORÍA:

CATEGORÍA:

Definición de las características

Definición de las características

Preguntas del mapa de pensamiento n.º 3 y 4

3 ¿Cuáles son las características de cada objeto?

4 Basándote en sus características, ¿qué categorías vas a clasificar los objetos?

---

1 Texto para clasificar:

Características:

Cómo clasificarlo:

---

2 Texto para clasificar:

Características:

Cómo clasificarlo:

---

3 Texto para clasificar:

Características:

Cómo clasificarlo:

---

4 Texto para clasificar:

Características:

Cómo clasificarlo:

---

5 Texto para clasificar:

Características:

Cómo clasificarlo:

Responde a estas preguntas rellenando esta parte del mapa de pensamiento.

6 Texto para clasificar:

Características:

Cómo clasificarlo:

7 Texto para clasificar:

Características:

Cómo clasificarlo:

8 Texto para clasificar:

Características:

Cómo clasificarlo:

9 Texto para clasificar:

Características:

Cómo clasificarlo:

10 Texto para clasificar:

Características:

Cómo clasificarlo:

3. Evaluamos

Responde a las siguientes preguntas sobre el trabajo que hemos realizado:

1 ¿Qué nombre recibe esta destreza de pensamiento?

2 ¿Qué preguntas hemos tenido que contestar para realizar nuestra clasificación?

3 ¿Cómo llegamos a establecer las categorías?

4 ¿Cómo valoras las preguntas del mapa de pensamiento?

5 ¿Crees que hemos podido examinar cuidadosamente el material?

6 ¿Te gusta trabajar en equipo o hubieras preferido practicar esta destreza a solas? ¿Por qué?

LA MISIÓN DE LA IGLESIA.
Clasificación descendente

Con la clasificación descendente encontramos una herramienta que no solo nos ayuda a organizar la información, sino que también nos ayuda a analizar y comprender la lógica y el sentido aquello que tratamos de conocer.

En la lección *La misión de la Iglesia. Clasificación descendente* pudimos aplicar esta estrategia utilizando una serie de documentos del Magisterio que nos ayudaron a encontrar las categorías y características de la Iglesia, así como su identidad profunda y actividades en la construcción del Reino de Dios.

¿Qué he aprendido en la lección?

S. AP. PABLO

Comenzamos

Desde sus inicios, la Iglesia sintió el impulso y el deseo misionero de compartir el mensaje del Evangelio con todo el mundo, testigo de ello son los relatos que componen el libro de los Hechos de los Apóstoles, o las propias cartas de san Pablo.

Esta misión de la Iglesia fue posible gracias a los distintos factores y condiciones de la historia, los cuales ayudaron a que la fe cristiana se expandiera y creciera como una semilla que, en distintos lugares, fue tomando raíces y dando fruto. Por tanto, en esta lección conoceremos esos momentos históricos que permitieron que la fe de la Iglesia sea universal hasta nuestros días.

Conocemos la destreza: Explicación causal

1 El cristianismo se ha extendido por los cinco continentes, pero su origen se ubica, como sabéis, en una pequeña región de Oriente Medio, en el Mediterráneo oriental. Y la pregunta que nos podemos hacer es la siguiente: ¿Cómo pudo empezar a extenderse nuestra fe por el mundo?

2 El apóstol san Pablo entregó su vida a compartir la Buena Nueva entre los extranjeros, ¿qué le ayudó en su misión?

3 Por tanto, ¿qué podríamos entender por "causa" o "causas" de un hecho?

2. Desarrollamos

Construimos un mapa de pensamiento explicando las causas

Imaginemos que queremos cultivar un rosal en nuestro jardín de casa. Sin embargo, a medida que va creciendo observamos que tiene problemas, ¿qué preguntas nos haríamos al respecto para poder explicar lo que sucede? ¿Serían válidas nuestras explicaciones e hipótesis?

Gracias a las siguientes preguntas de nuestro mapa de pensamiento, plantearemos el mismo procedimiento gracias a la destreza de la explicación causal para explicar cómo y por qué san Pablo trabajó para que la fe de la Iglesia se expandiese entre los pueblos gentiles.

Preguntas para construir el mapa de pensamiento

1 ¿Qué evento ha ocurrido del que queremos conocer la causa o las causas?

2 ¿Cuáles son las posibles causas del acontecimiento?

3 Para cada posible causa, ¿qué información necesitas encontrar para determinar si es probable o improbable?

4 ¿Qué evidencias has encontrado?, ¿cuentan a favor o en contra de la probabilidad de la causa o son irrelevantes?

5 ¿Es esta causa probable, improbable o dudosa?

6 ¿Qué causa o causas son las más probables o relevantes teniendo en cuenta las evidencias disponibles?

1 ¿Qué evento ha ocurrido del que queremos conocer las causas?

2 ¿Cuáles son las causas del acontecimiento?

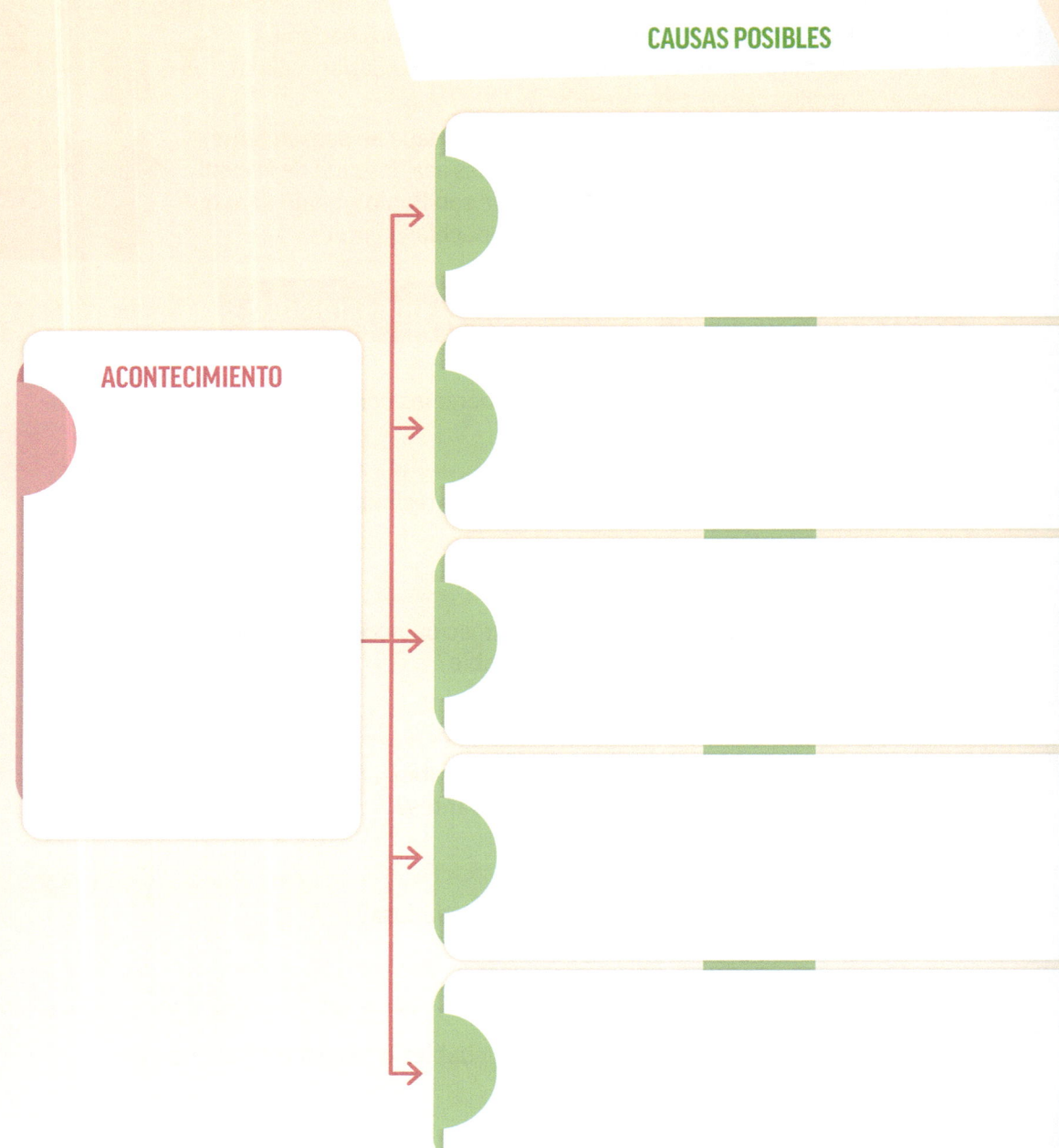

CAUSAS POSIBLES

ACONTECIMIENTO

Responde a estas preguntas rellenando esta parte del mapa de pensamiento.

PREGUNTAS

Pregunta del mapa de pensamiento n.º 3

3 *Para cada posible causa, ¿qué información necesitas encontrar para determinar si es probable o improbable?*

 Responde a esta pregunta rellenando esta parte del mapa de pensamiento.

PROBLEMA:

PREGUNTAS RELEVANTES	INFORMACIÓN OBTENIDA	¿A FAVOR?

Preguntas para construir el mapa de pensamiento n.º 3, 4 y 5

4 ¿Qué evidencias has encontrado?, ¿cuentan a favor o en contra de la probabilidad de la causa o son irrelevantes?

5 ¿Es esta causa probable, improbable o dudosa?

6 ¿Qué causa o causas son las más probables o relevantes teniendo en cuenta las evidencias disponibles?

 Responde a estas preguntas rellenando esta parte del mapa de pensamiento:

	EVIDENCIAS	PROBABILIDAD
CAUSA 1		
CAUSA 2		
CAUSA 3		
CAUSA 4		
CAUSA 5		

3. Evaluamos

Responde a las siguientes preguntas sobre el trabajo que hemos realizado:

1 ¿Qué destreza hemos utilizado para realizar nuestro pensamiento?

2 ¿Qué preguntas hemos tenido que responder para realizar nuestra clasificación?

3 ¿Crees que hemos realizado el pensamiento de forma adecuada?

4 ¿Cómo lo harías la próxima vez?

LA EXPANSIÓN DEL CRISTIANISMO.
Explicación causal

En esta lección, así como en la 3.ª, trabajamos la destreza explicación causal, la cual nos permite entender con profundidad el por qué y el cómo de las cosas, yendo directamente al origen o causa de las mismas, lo cual nos ayuda no solo a reflexionar sino también a comprender la realidad con espíritu crítico y amplitud de mirada.

De este modo, en *La expansión de la Iglesia* descubrimos las distintas razones históricas que propiciaron el crecimiento y alcance de la fe cristiana en la historia gracias a la misión de los primeros apóstoles y discípulos de Jesús, especialmente con san Pablo.

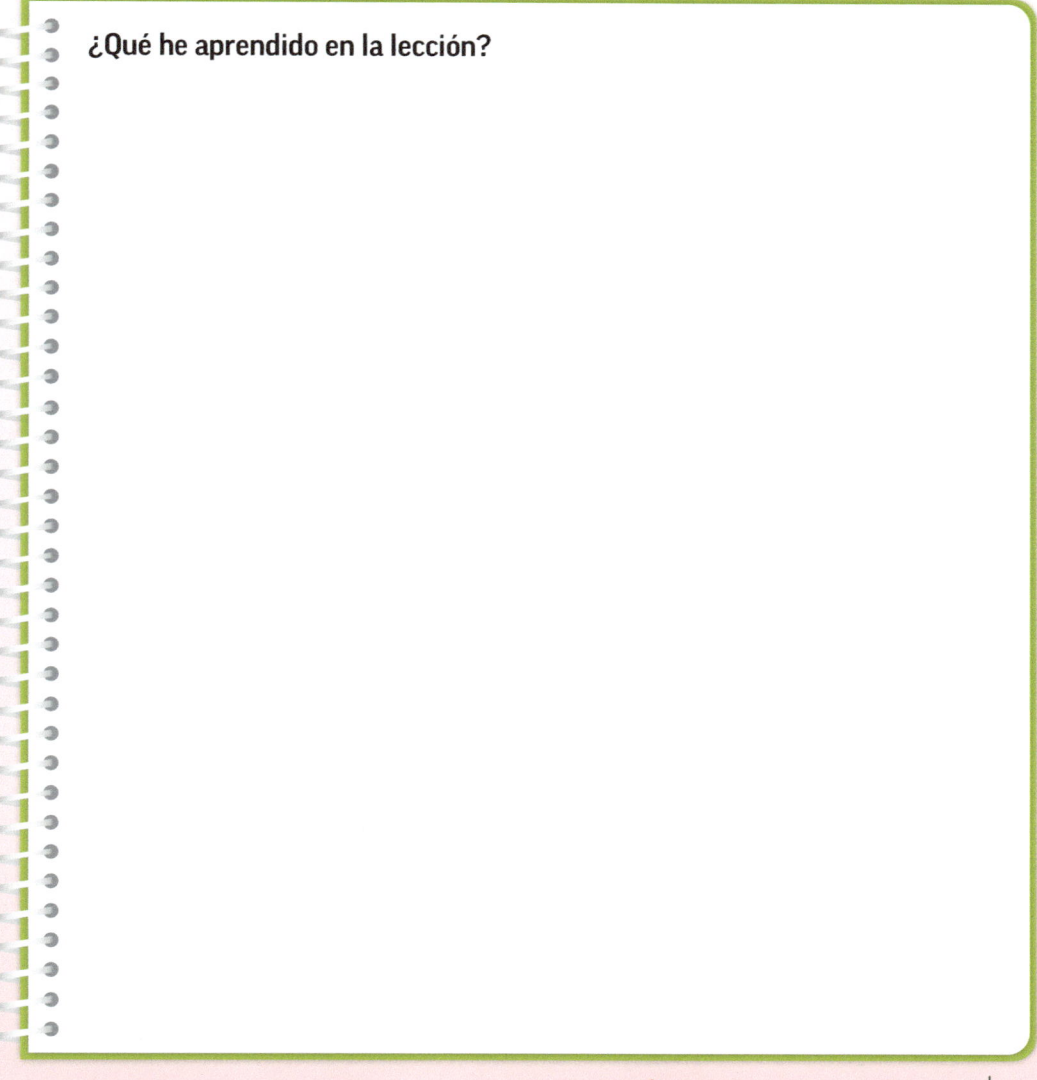

¿Qué he aprendido en la lección?

ÍNDICE